Play

GUITAR·CHORDS

Without Fretting

by
Patrick La Cerra

**Featuring Over 400 Easy-to Read
Chord Frames**

Published by HAL LEONARD PUBLISHING
P.O. Box 13819, 7777 W. Bluemound Rd.
Milwaukee, WI 53213 U.S.A.

First Printing April, 1990

Library of Congress Cataloging-in-Publication Data

LaCerra, Patrick.
  Play guitar-chords without fretting.

  1. Guitar — Chord diagrams. I. Title.
MT588.L2 1990   787.87'19368   90-61042
ISBN 0-88188-872-9: $5.95

CONTENTS

For each of these chord families (C, D, E etc.) the following information is given for the 15 chord symbols listed below:
- notation of the chord in root position; and
- chord frames for three voicings of the chord.

Chord Symbol	Chord Name	Alternate Symbols
letter name*	major	Maj.
m	minor	min; -
6	major sixth	Maj6; M6
m6	minor sixth	min6; -6
7	dominant seventh	
maj7	major seventh	Maj7, △
m7	minor seventh	min7; -7
dim7	diminished 7	°;dim
7+5	augmented seventh	7+; 7(#5); 7(+5)
9	dominant ninth	7(add9)
maj9	major ninth	△ (add9);Maj7(add9)
m9	minor ninth	min9
9+5	augmented ninth	9+; 9(#5);9(+5)
7-9	dominant flat(ted) ninth	7(b9); 7(add b9);7b9
sus	suspended fourth	(sus4)

*The letter used in conjunction with the chord symbols (C, Gm6, B9, etc.) always indicates the root note of the chord.

ABOUT THIS BOOK

As your guitar playing improves, you will undoubtedly want to learn how to play the many new chords that are found more advanced music. You will also enjoy finding new ways of playing the simple chords that you first learned a beginning guitarist. In either case, **Play Guitar Chords Without Fretting** will quickly give you the information that you nee

HOW TO READ CHORD FRAMES

Chord frames are the easiest way to learn how to play new chords since they picture exactly where your fingers should placed in order to play the chord:

The **strings** are pictured vertically with the 1st string (high E) on the right.

The **frets** are the horizontal lines running across the strings.

Black dots indicate where the fingers should press the strings.

Finger numbers inside the dots indicate which fingers are used: (1 = index, 2 = middle, 3 = ring, 4 = little).

Barres (playing two or more strings with one finger) are indicated by curved lines.

An **o** at the top of a string means that it is not to be fingered (open string).

An **x** at the top of a string means that it should either be muted or not strummed at all.

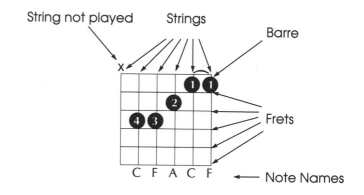

If a chord is to be played in a position higher than the first fret, a **Roman numeral** to the left of the chord frame indicates th fret where your index finger should be placed. For example, if your index finger should be placed at the fifth fret, you are fifth position which is indicated by the Roman numeral V.

C   Cm   C6

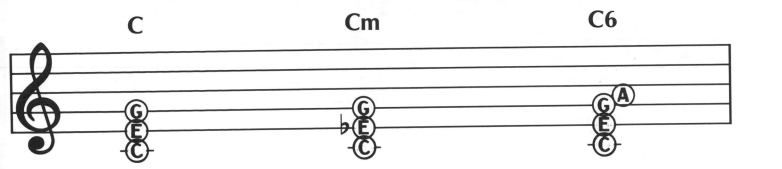

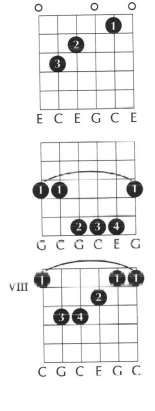

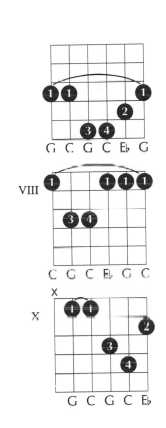

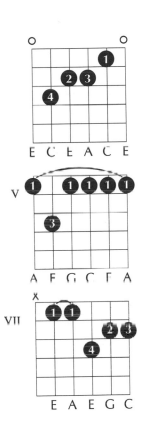

C

Cm6   C7   Cmaj7

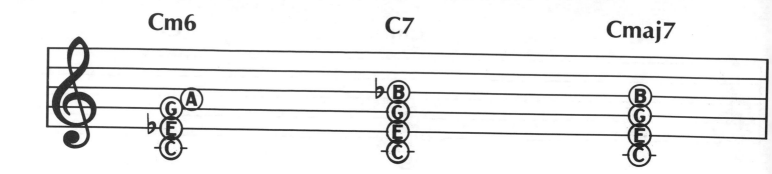

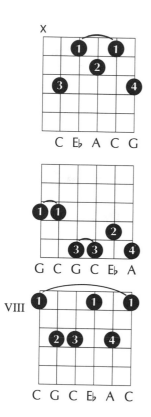

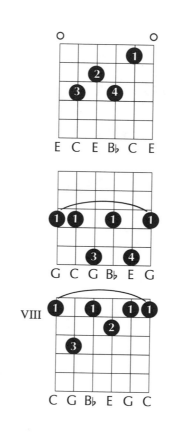

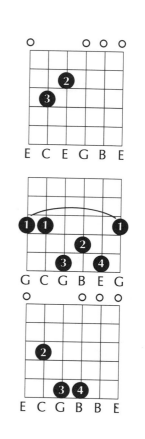

C

Cm7

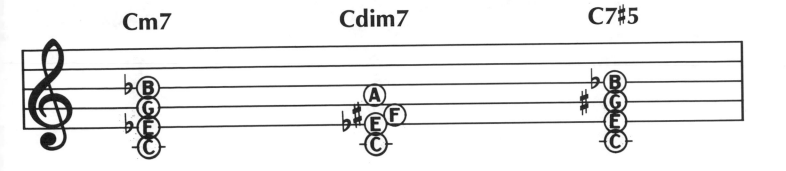

Cdim7

C7♯5

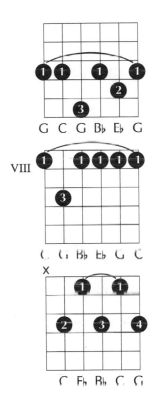

G C G B♭ E♭ G

VIII

C G B♭ E♭ G C

X

C F♭ B♭ C G

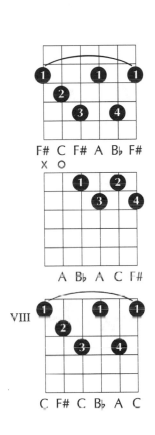

F♯ C F♯ A B♭ F♯
X O

A B♭ A C F♯

VIII

C F♯ C B♭ A C

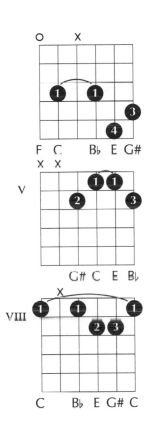

O   X

F C   B♭ E G♯
X   X

V

G♯ C E B♭

X

VIII

C   B♭ E G♯ C

C

C9   Cmaj9   Cm9

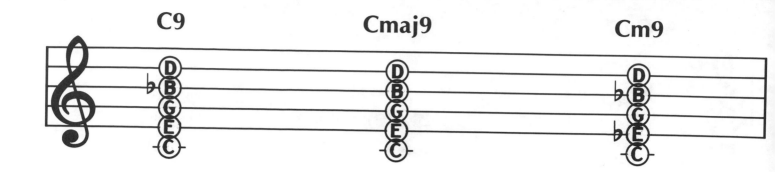

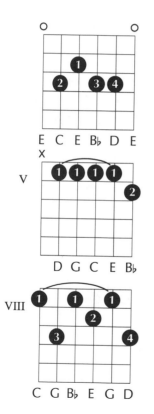

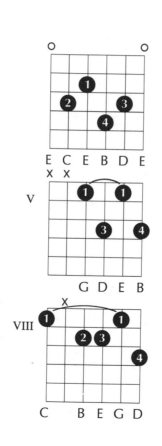

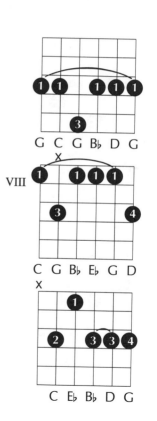

C

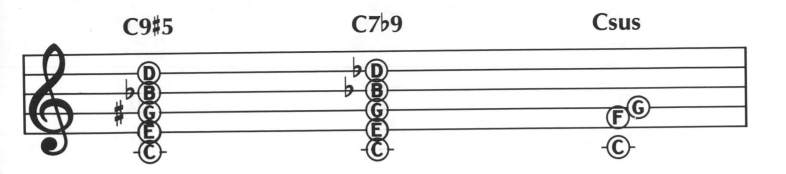

C9#5

E C E Bb D G#

G# D E Bb

C Bb E G# D

C7b9

E C E Bb Db E

G Db E Bb

C G Bb E G Db

Csus

C F G C F

G C G C F G

C G C F G C

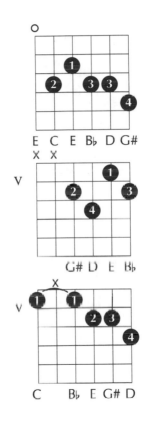

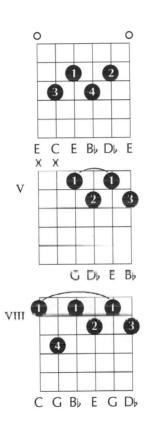

C

Db   Dbm   Db6

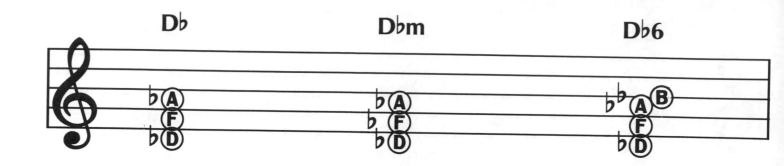

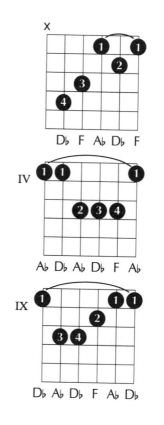

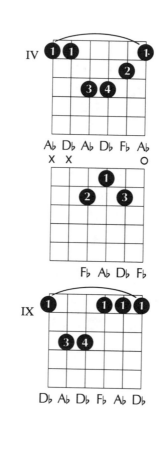

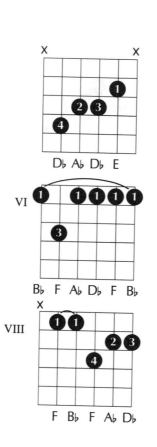

Db
C#

Dbm6   Db7   Dbmaj7

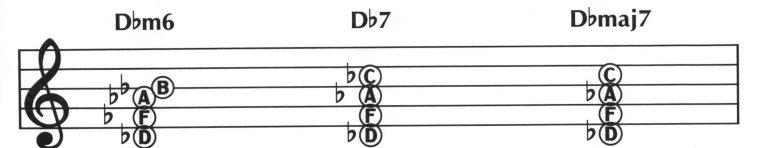

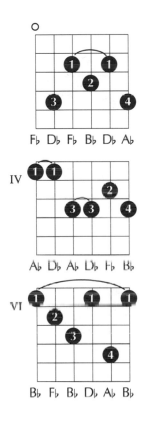

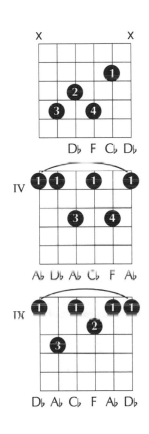

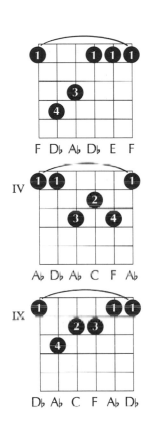

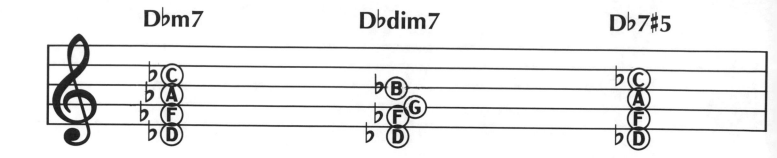

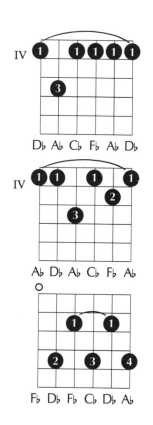
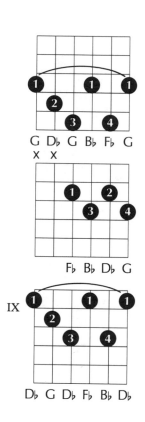
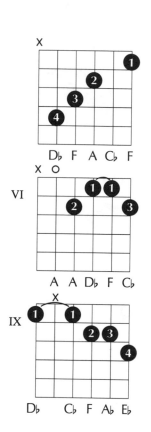

Db9   Dbmaj9   Dbm9

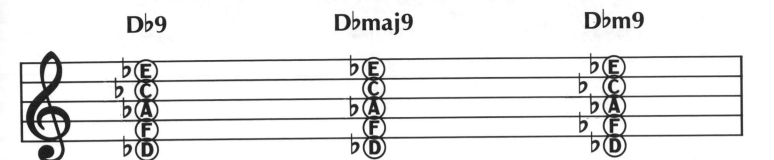

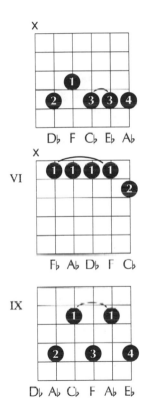

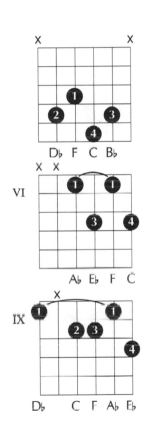

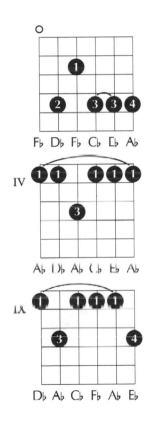

13

Db9#5　　　　　Db7b9　　　　　Dbsus

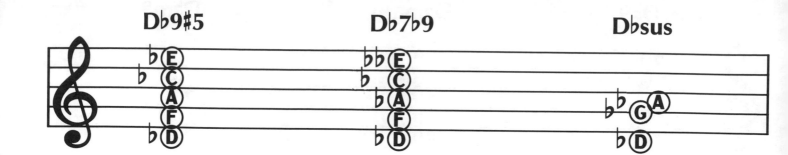

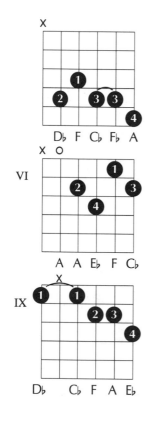

Db F Cb Fb A

A A Eb F Cb

Db Cb F A Eb

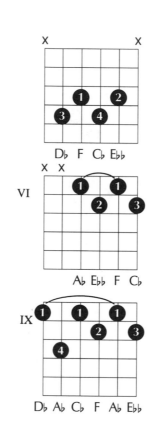

Db F Cb Ebb

Ab Ebb F Cb

Db Ab Cb F Ab Ebb

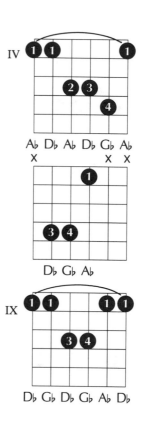

Ab Db Ab Db Gb Ab

Db Gb Ab

Db Gb Db Gb Ab Db

Db
C#

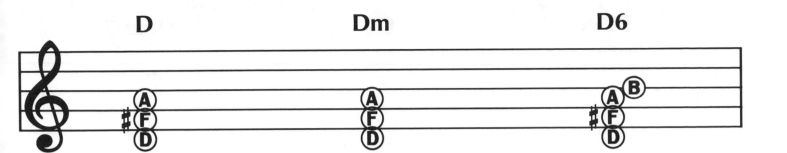

D   Dm   D6

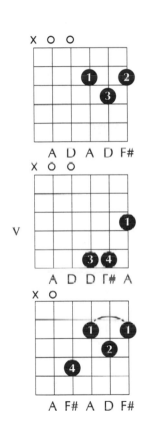

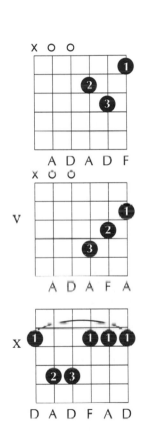

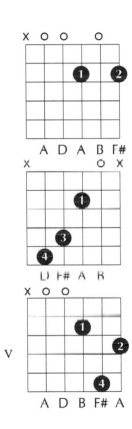

D

15

Dm6   D7   Dmaj7

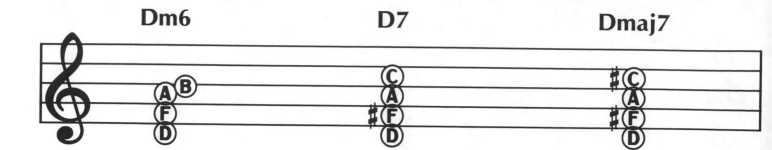

D

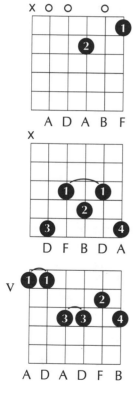

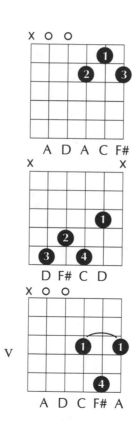

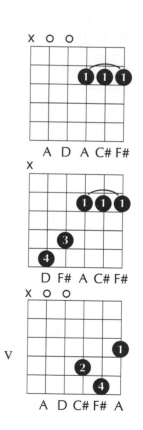

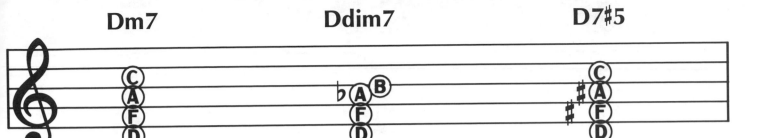

Dm7

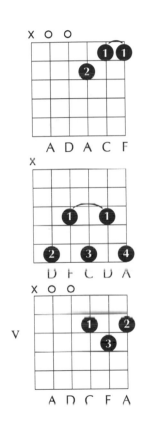

x o o

A D A C F

x

D F C D A

x o o

V

A D C F A

Ddim7

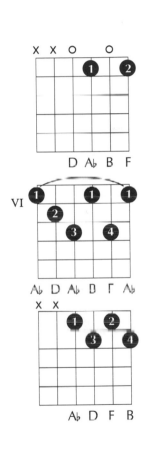

x x o   o

D A♭ B F

VI

A♭ D A♭ B F A♭

x x

A♭ D F B

D7♯5

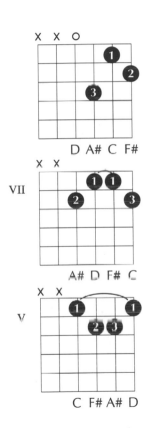

x x o

D A# C F#

x x

VII

A# D F# C

x x

V

C F# A# D

D

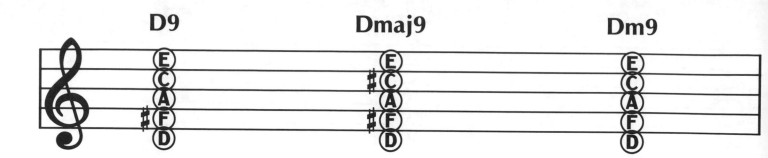

D9

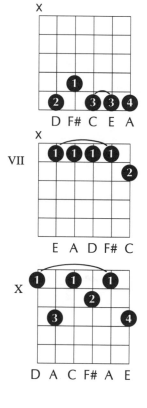

X

1
2 3 3 4

D F# C E A

X
VII
1 1 1 1
2

E A D F# C

X
1 1 1
2
3 4

D A C F# A E

Dmaj9

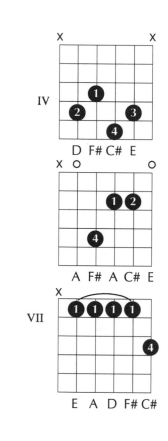

X   X

IV
1
2 3
4

D F# C# E

X O   O
1 2
4

A F# A C# E

X
VII
1 1 1 1
4

E A D F# C#

Dm9

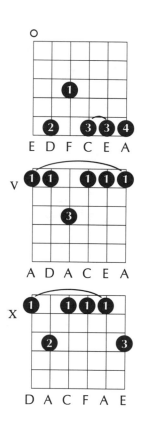

O

1
2 3 3 4

E D F C E A

O
V
1 1 1 1 1
3

A D A C E A

X
1 1 1 1
2 3

D A C F A E

D

D9♯5 D7♭9 Dsus

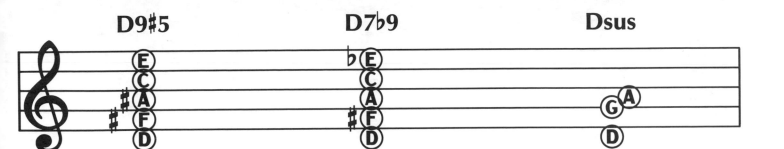

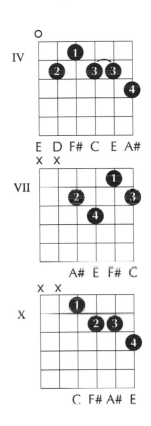

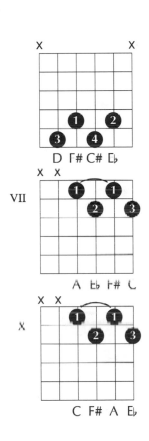

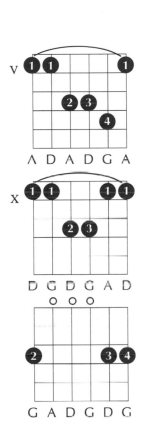

D

Eb   Ebm   Eb6

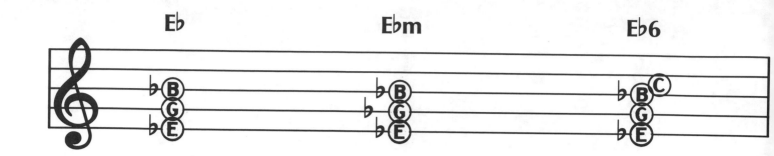

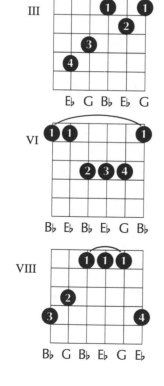

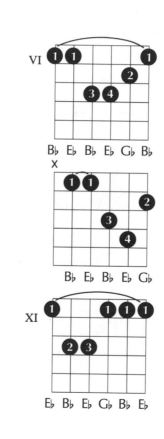

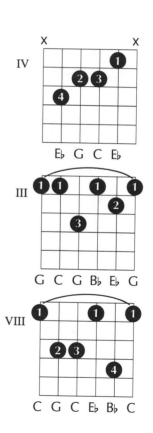

Eb
D#

E♭m6   E♭7   E♭maj7

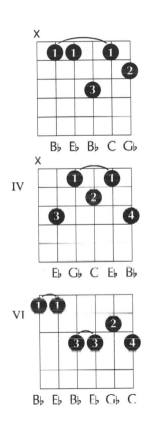

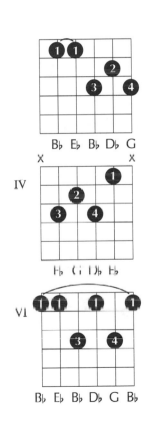

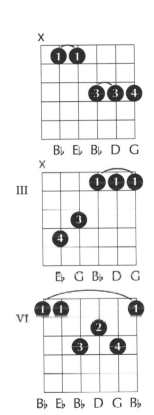

E♭
D#

Ebm7

Ebdim7

Eb7#5

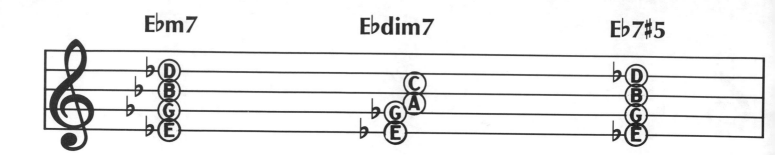

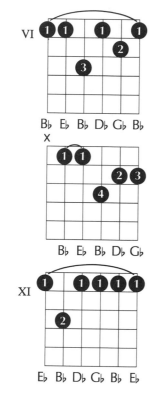

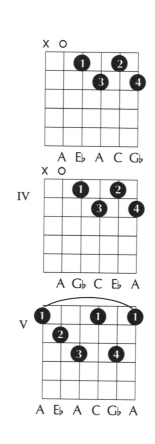

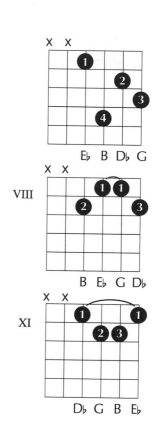

Eb
D#

Eb9   Ebmaj9   Ebm9

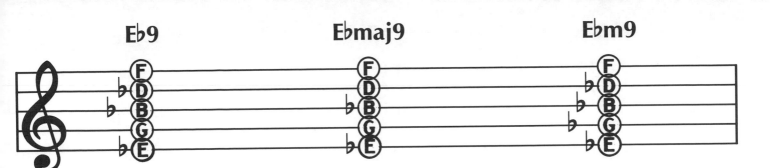

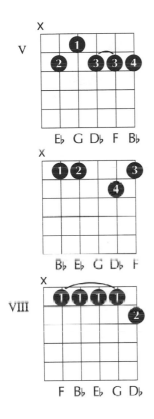

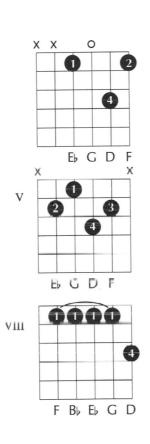

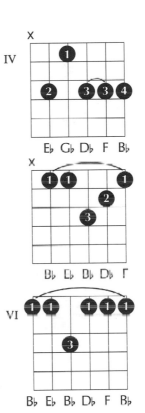

23

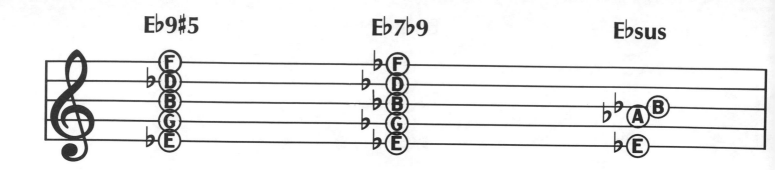

Eb9#5

V
Eb G Db F B

VIII
B F G Db

XI
Db G B F

Eb7b9

Bb Eb G Db Fb

V
Eb G Db Fb

VIII
Bb Fb G Db

Ebsus

VI
Bb Eb Bb Eb Ab Bb

XI
Eb Ab Eb Ab Bb Eb

Bb Eb Bb Eb Ab

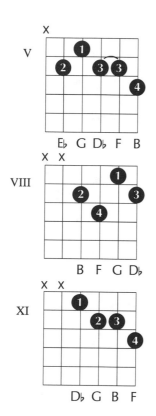
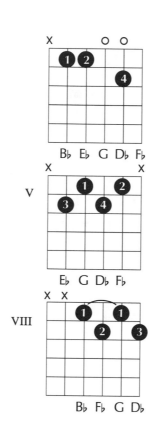
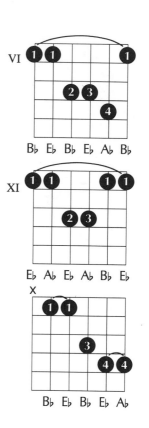

Eb
D#

E   Em   E6

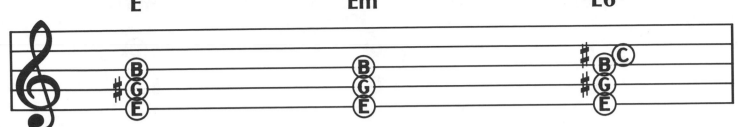

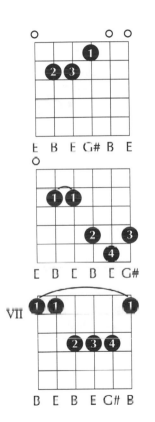

E B E G# B E

E B E B E G#

VII
B E B E G# B

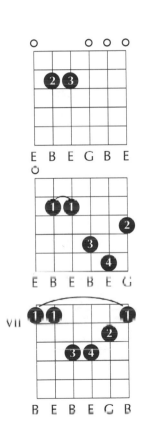

E B E G B E

E B E B E G

VII
B E B E G B

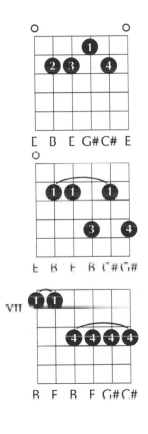

E B E G#C# E

E B E B C#G#

VII
B E B E G#C#

E

25

Em6   E7   Emaj7

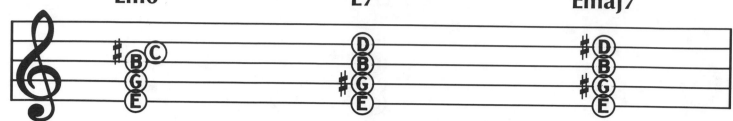

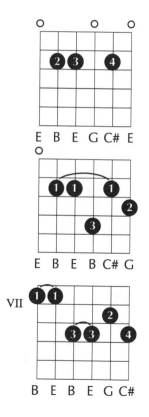

E B E G C# E

E B E B C# G

VII

B E B E G C#

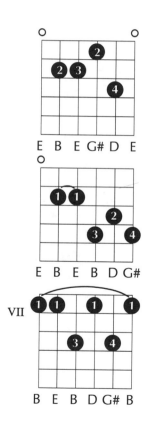

E B E G# D E

E B E B D G#

VII

B E B D G# B

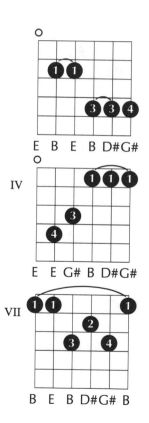

E B E B D#G#

IV

E E G# B D#G#

VII

B E B D#G# B

E

26

Em7   Edim7   E7♯5

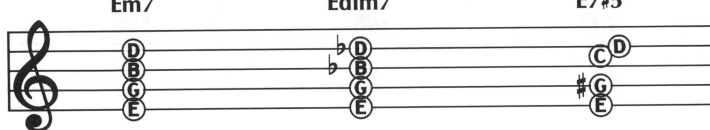

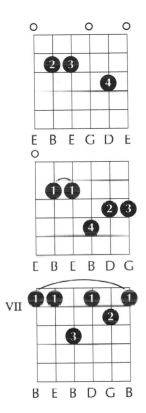

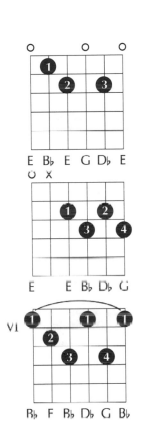

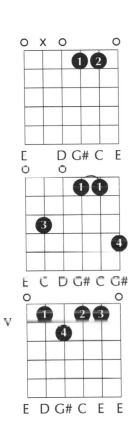

E

E9   Emaj9   Em9

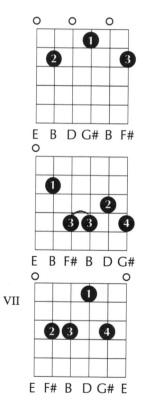

E B D G#B F#

E B F# B D G#

VII E F# B D G# E

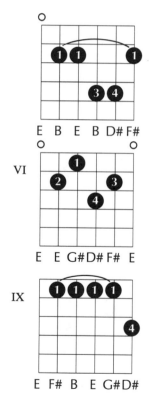

E B E B D#F#

VI E E G#D# F# E

IX E F# B E G#D#

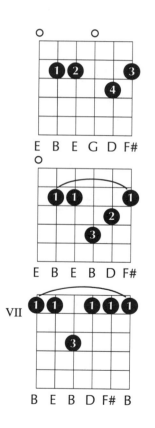

E B E G D F#

E B E B D F#

VII B E B D F# B

E

E9#5   E7♭9   Esus

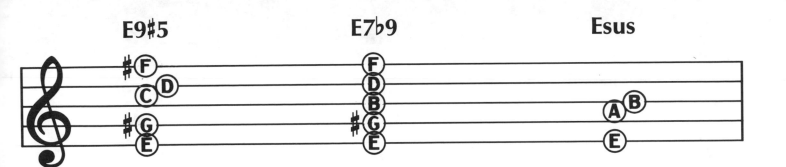

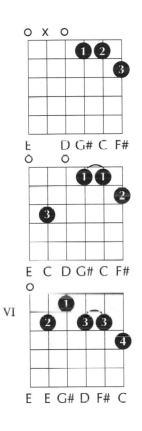

E   D G# C F#

E C D G# C F#

VI   E E G# D F# C

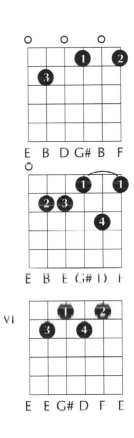

E B D G# B F

E B E (G#D) F

VI   E E G# D F E

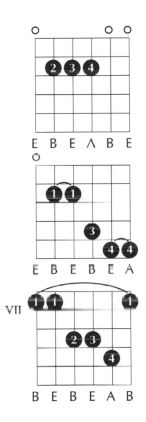

E B E A B E

E B E B E A

VII   B E B E A B

E

29

F   Fm   F6

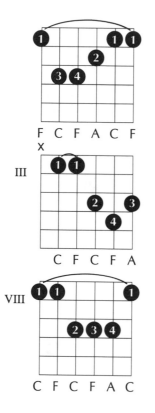

F C F A C F

III

C F C F A

VIII

C F C F A C

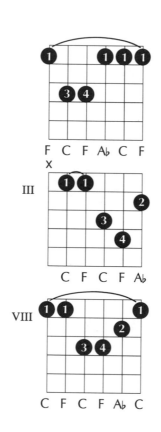

F C F A♭ C F

III

C F C F A♭

VIII

C F C F A♭ C

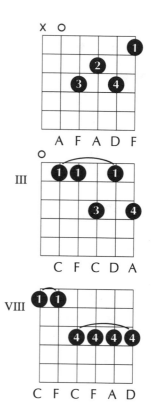

A F A D F

III

C F C D A

VIII

C F C F A D

F

Fm6 F7 Fmaj7

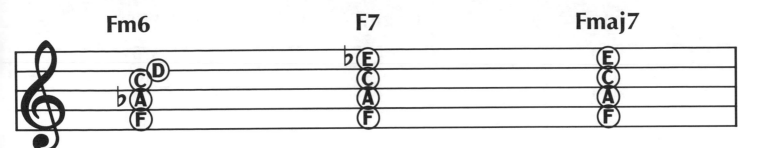

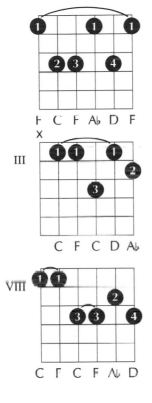

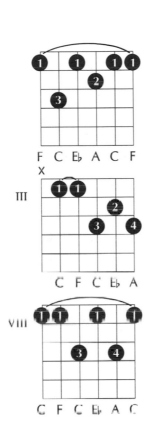

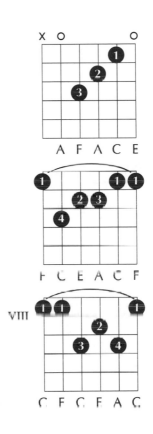

F

Fm7

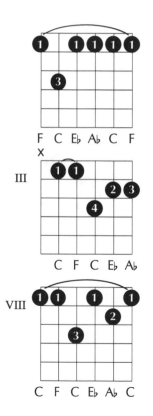

F C E♭ A♭ C F

III

C F C E♭ A♭

VIII

C F C E♭ A♭ C

Fdim7

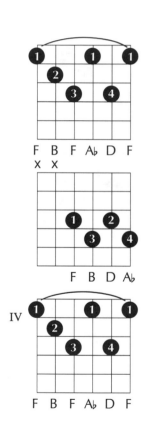

F B F A♭ D F

IV

F B D A♭

F B F A♭ D F

F7♯5

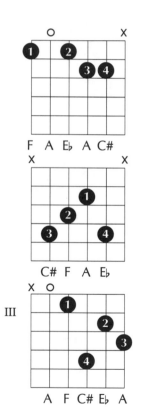

F A E♭ A C♯

III

C♯ F A E♭

III

A F C♯ E♭ A

F

F9   Fmaj9   Fm9

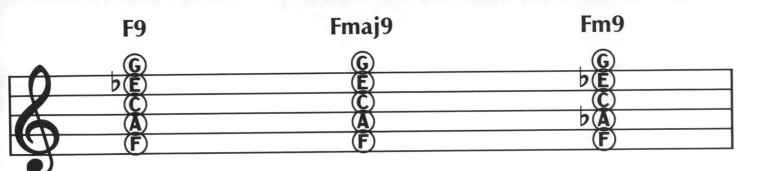

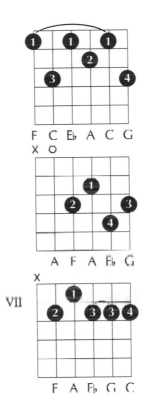

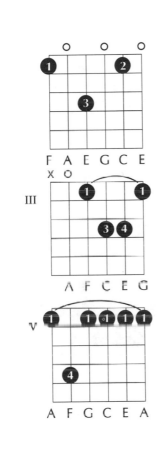

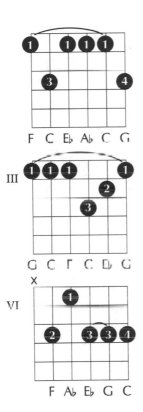

F

F9#5   F7b9   Fsus

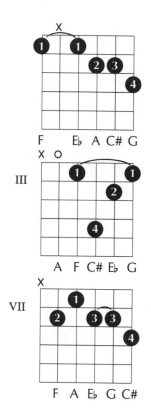

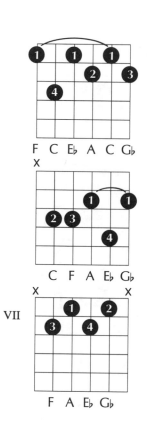

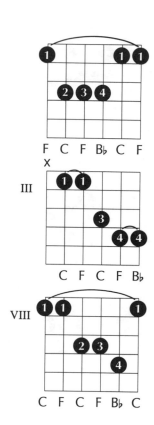

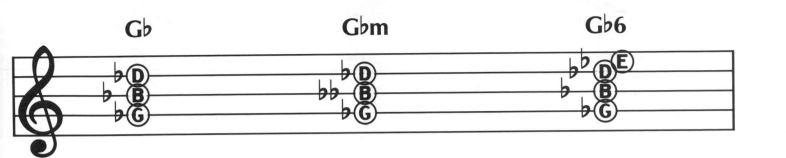

Gb   Gbm   Gb6

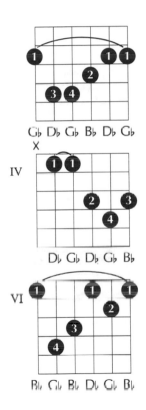

Gb Db Gb Bb Db Gb

IV

Db Gb Db Gb Bb

VI

Bb Gb Bb Db Gb Bb

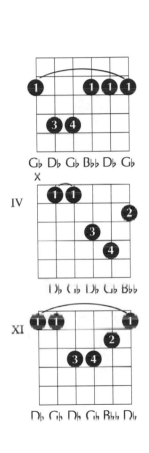

Gb Db Gb Bbb Db Gb

IV

Db Gb Db Gb Bbb

XI

Db Gb Db Gb Bbb Db

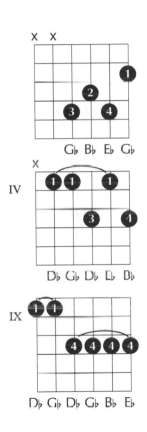

Gb Bb Eb Gb

IV

Db Gb Db Eb Bb

IX

Db Gb Db Gb Bb Eb

Gb
F#

35

G♭m6   G♭7   G♭maj7

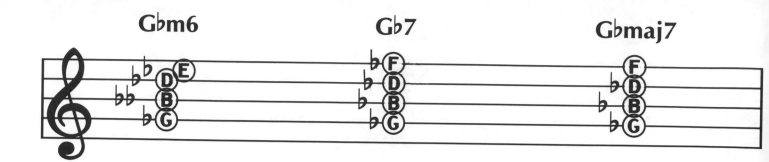

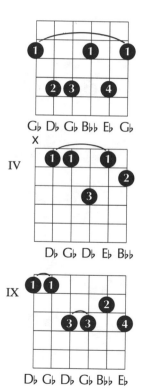

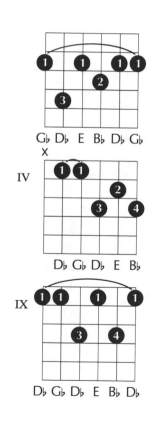

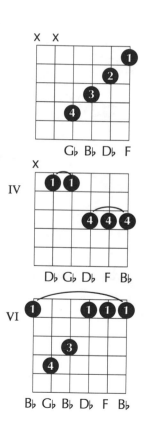

Gbm7   Gbdim7   Gb7#5

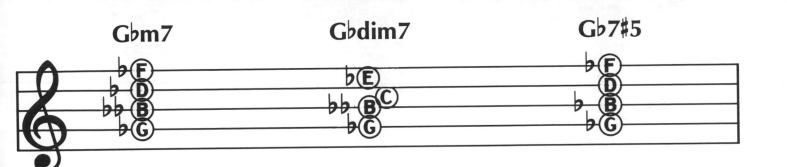

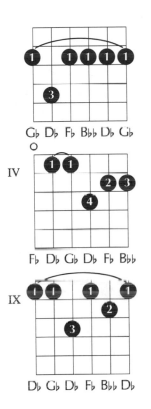

Gb Db Fb Bbb Db Gb

IV

Fb Db Gb Db Fb Bbb

IX

Db Gb Db Fb Bbb Db

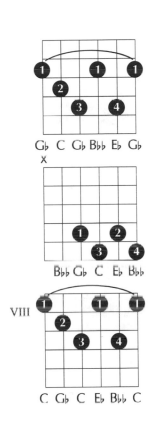

Gb C Gb Bbb Eb Gb
X

Bbb Gb C Eb Bbb

VIII

C Gb C Eb Bbb C

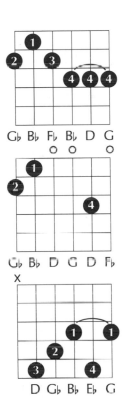

Gb Bb Fb Bb D G

Gb Bb D G D Fb
X

D Gb Bb Eb G

Gb
F#

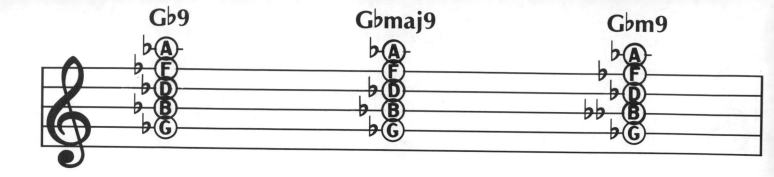

Gb9 Gbmaj9 Gbm9

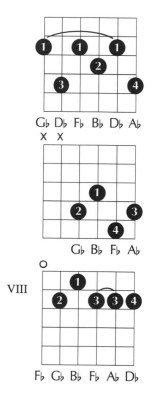

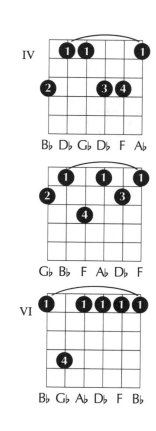

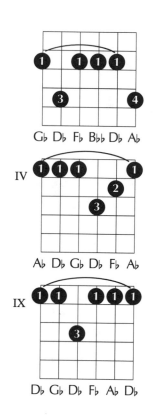

Gb Db Fb Bb Db Ab
X X

Bb Db Gb Db F Ab

Gb Db Fb Bbb Db Ab

Gb Bb Fb Ab

Gb Bb F Ab Db F

Ab Db Gb Db Fb Ab

Fb Gb Bb Fb Ab Db

Bb Gb Ab Db F Bb

Db Gb Db Fb Ab Db

38

Gb9#5   Gb7b9   Gbsus

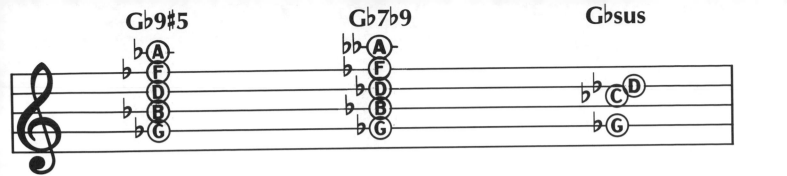

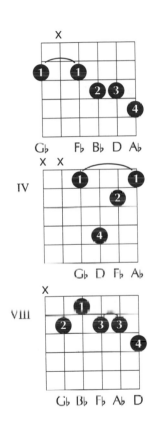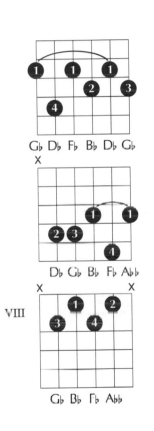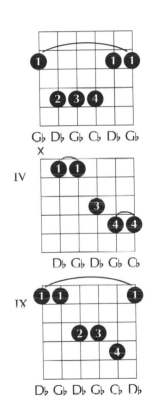

Gb / F#

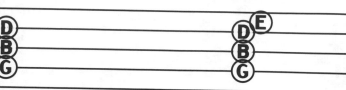

G

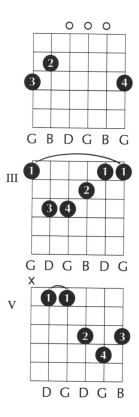

G B D G B G

G D G B D G

D G D G B

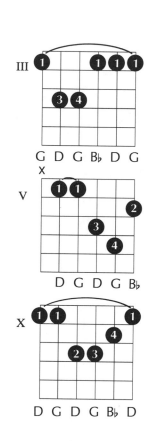

G D G Bb D G

D G D G Bb

D G D G Bb D

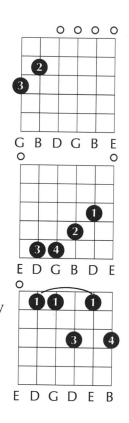

G B D G B E

E D G B D E

E D G D E B

Gm6   G7   Gmaj7

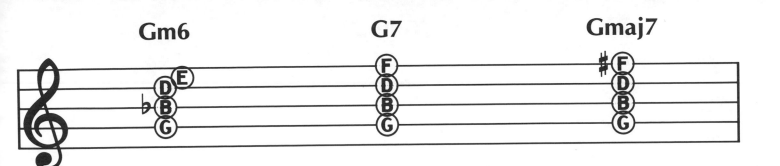

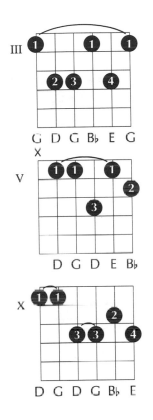

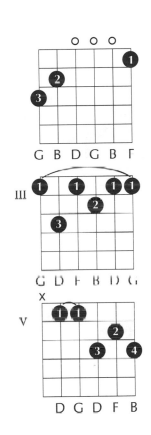

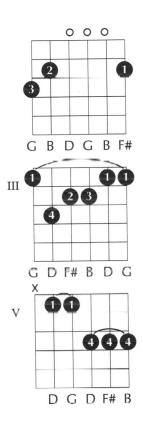

G

Gm7   Gdim7   G7#5

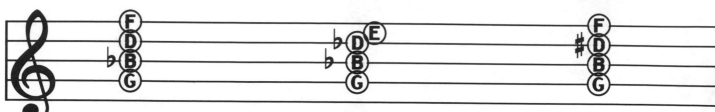

G

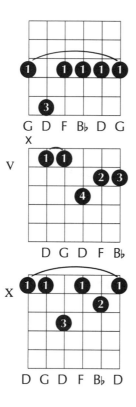

G D F Bb D G

x
V

D G D F Bb

X

D G D F Bb D

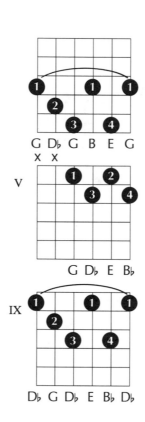

G Db G B E G

x x
V

G Db E Bb

IX

Db G Db E Bb Db

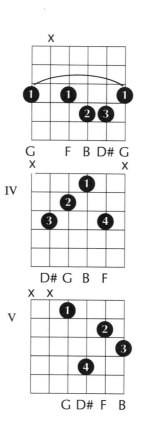

x

G F B D# G

x   x
IV

D# G B F

x x
V

G D# F B

G9　　　　Gmaj9　　　　Gm9

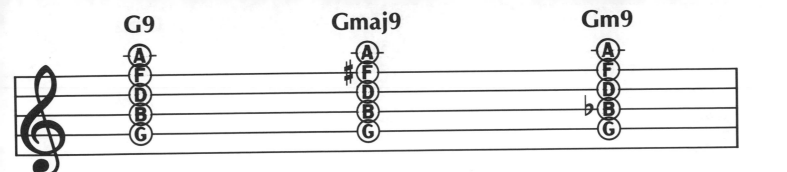

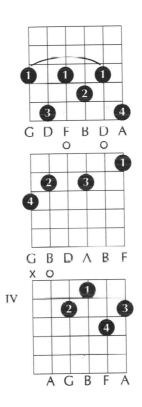

G D F B D A

G B D A B F

IV

A G B F A

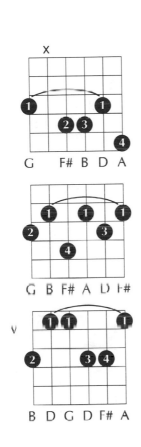

x

G　F# B D A

G B F# A D#

V

B D G D F# A

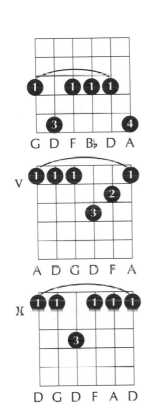

G D F Bb D A

V

A D G D F A

X

D G D F A D

G

G9#5   G7♭9   Gsus

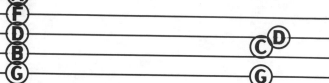

G

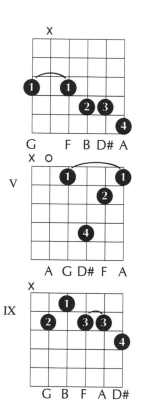

x
G F B D# A

x o
V
A G D# F A

x
IX
G B F A D#

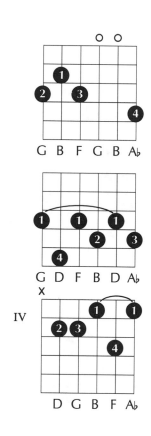

o o
G B F G B A♭

G D F B D A♭

x
IV
D G B F A♭

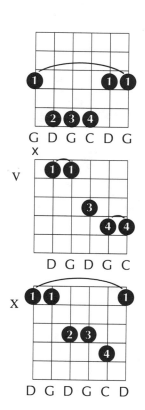

G D G C D G

x
V
D G D G C

X
D G D G C D

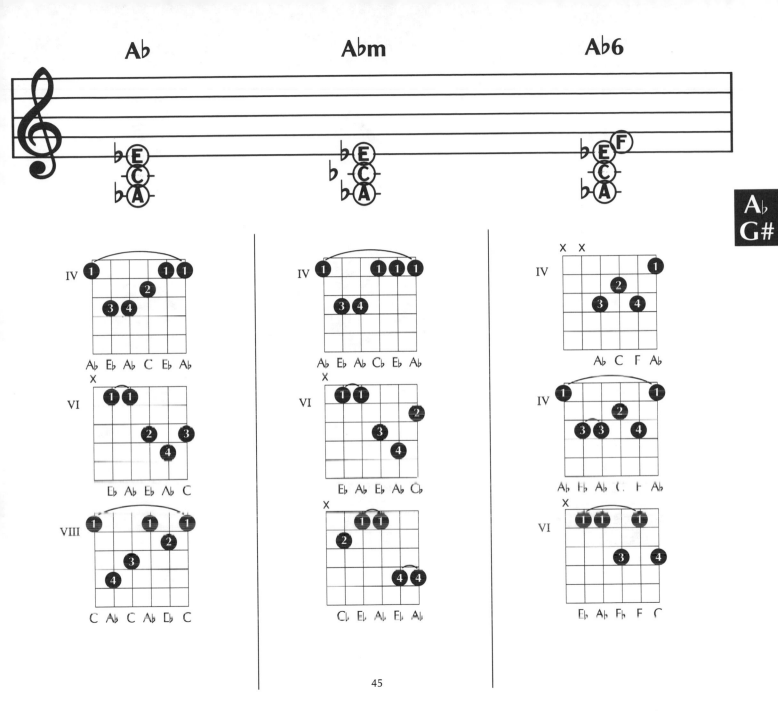

45

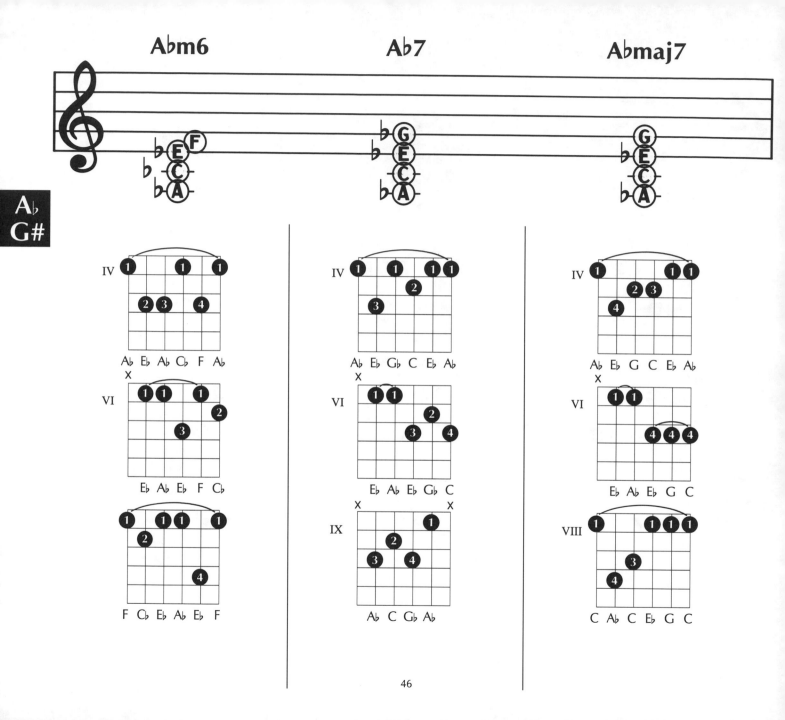

Abm7   Abdim7   Ab7#5

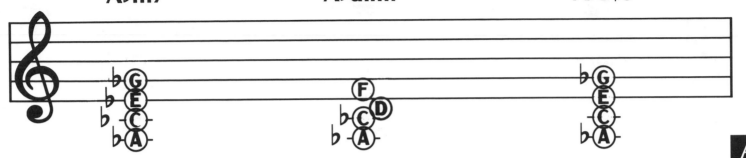

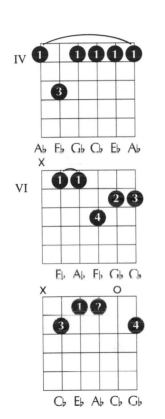

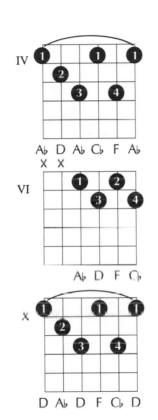

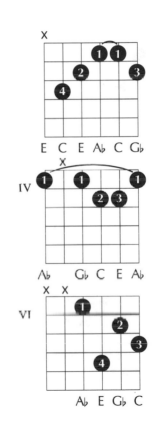

Ab9   Abmaj9   Abm9

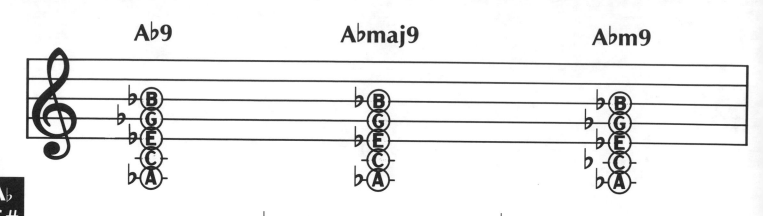

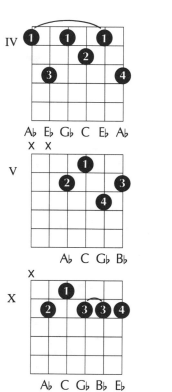

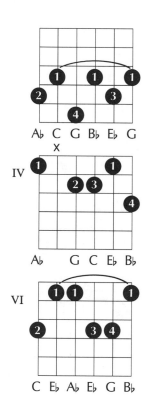

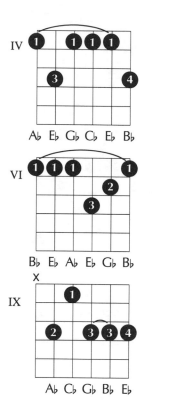

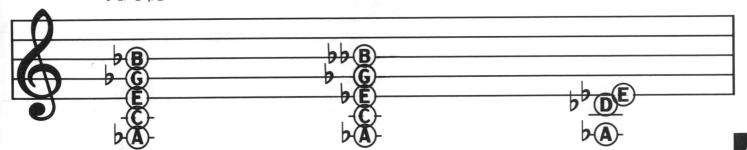

Ab9#5 Ab7b9 Absus

Ab
G#

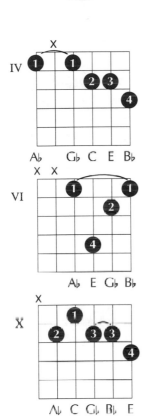

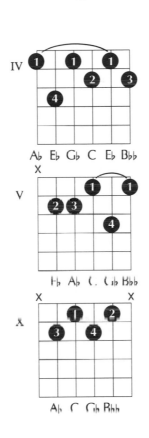

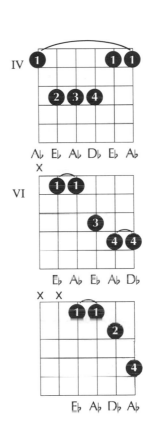

49

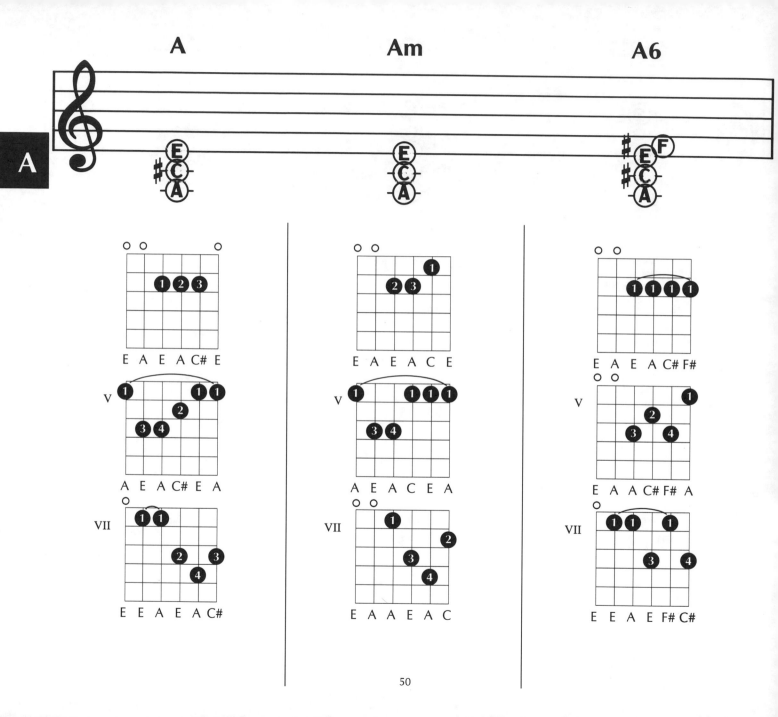

Am6

A7

Amaj7

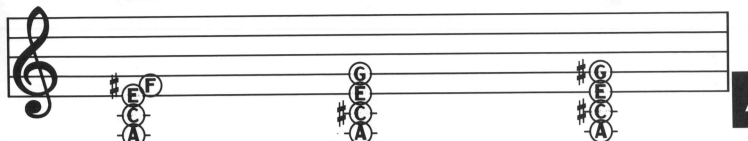

A

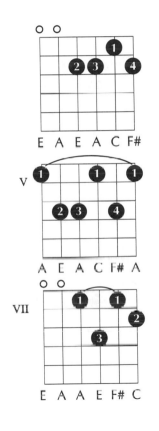

E A E A C F#

V

A E A C# A

VII

E A A E F# C

E A E G C# E

F A E A C# G

V

A E G C# E A

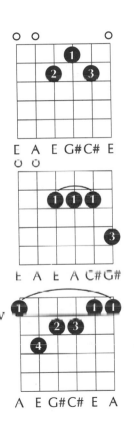

E A E G#C# E

E A E A C#G#

V

A E G#C# E A

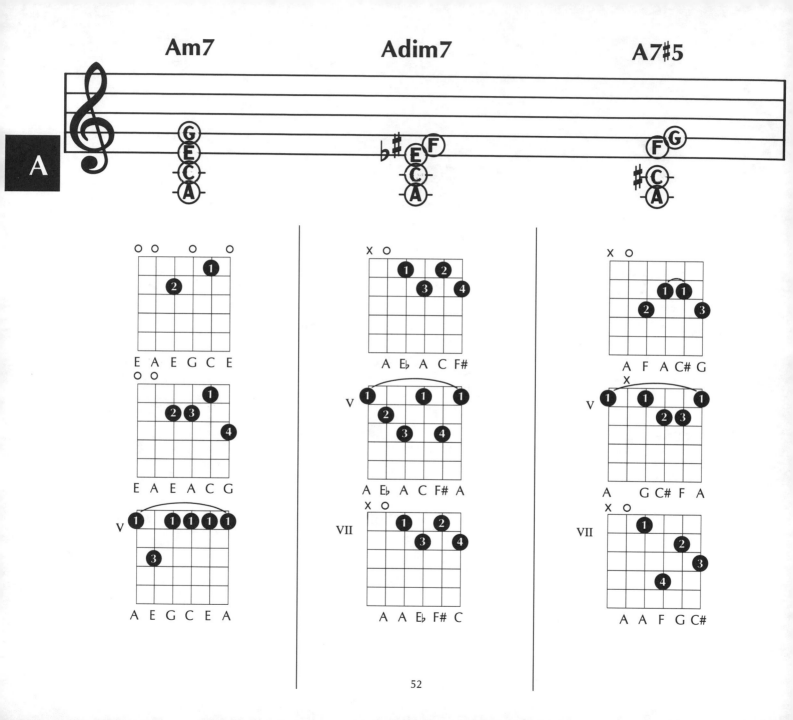

A9   Amaj9   Am9

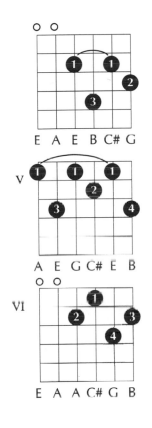

E A E B C# G

A E G C# E B

E A A C# G B

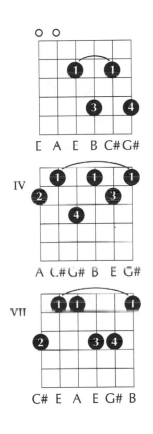

E A E B C# G#

A C# G# B E G#

C# E A E G# B

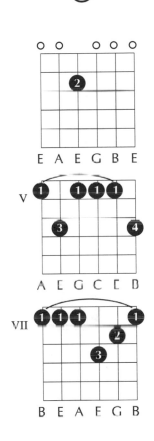

E A E G B E

A E G C E B

B E A E G B

53

A9#5

A F B C# G

VII

A A F G B

XI

A C# G B F

A7♭9

E A E B♭ C# G

V

A E G C# E B♭

VI

E A A C# G B♭

Asus

E A E A D E

V

A E A D E A

VII

E A A E A D

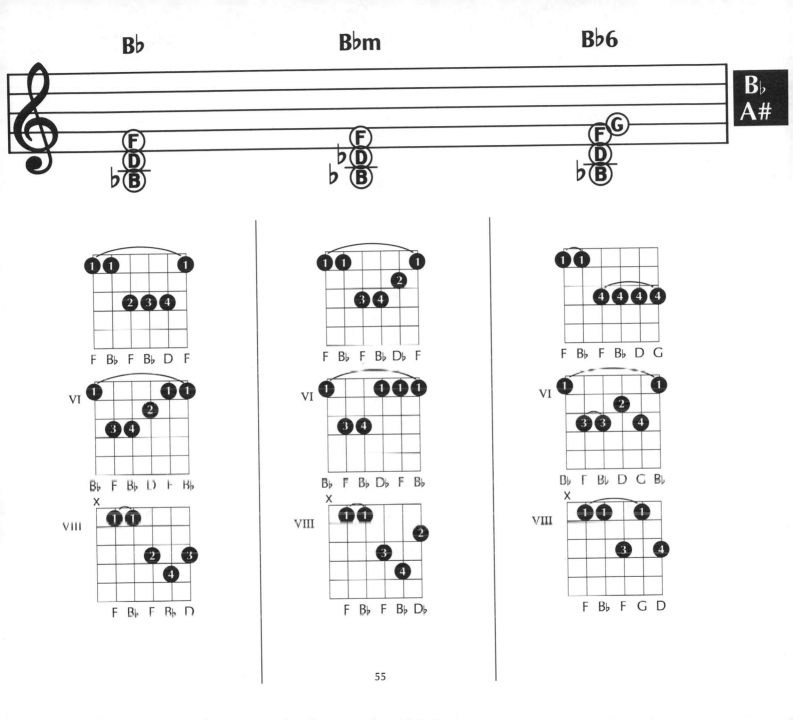

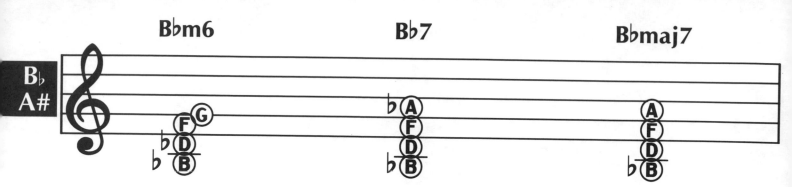

B♭m6　　　　B♭7　　　　B♭maj7

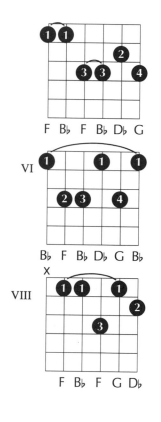

F B♭ F B♭ D♭ G

VI

B♭ F B♭ D♭ G B♭

x

VIII

F B♭ F G D♭

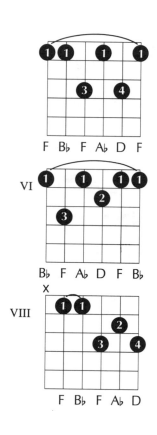

F B♭ F A♭ D F

VI

B♭ F A♭ D F B♭

x

VIII

F B♭ F A♭ D

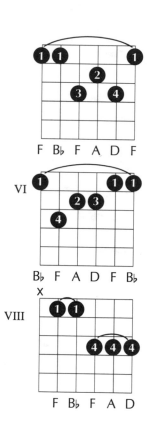

F B♭ F A D F

VI

B♭ F A D F B♭

x

VIII

F B♭ F A D

56

Bbm7

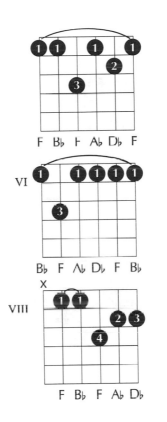

F Bb F Ab Db F

VI

Bb F Ab Db F Bb

VIII x

F Bb F Ab Db

Bbdim7

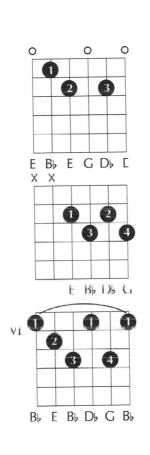

E Bb E G Db E

x x

E Bb Db G

VI

Bb E Bb Db G Bb

Bb7#5

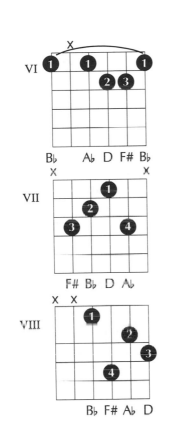

VI

Bb Ab D F# Bb

VII x x

F# Bb D Ab

VIII x x

Bb F# Ab D

Bb9　　　Bbmaj9　　　Bbm9

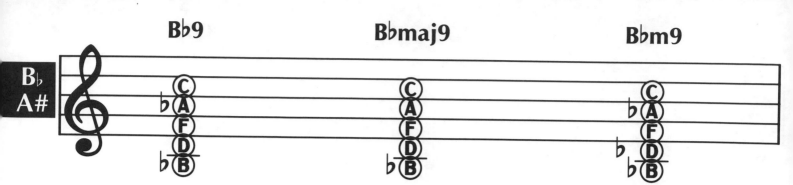

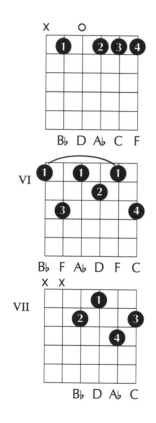

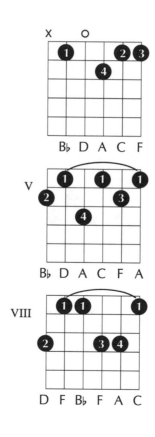

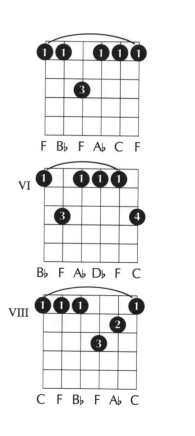

Bb9#5

C
A (b)
F (#)
D
B (b)

X   **O**

①   ② ③
      ④

Bb D Ab C F#

X X

VIII

①   ①
   ②
  ④

Bb F# Ab C

X

XII

  ①
②   ③ ③
     ④

Bb D Ab C F#

Bb7b9

(bb)C
A (b)
F
D
B (b)

X   **O**

①   ②   ③

Bb D Ab Cbb F

VI

①   ①   ①
   ②
④   ③

Bb F Ab D F Cbb

VII

    ①   ①
② ③
     ④

F Bb D Ab Cbb

Bbsus

F
E (b)
B (b)

Bb
A#

① ①   ①
  ② ③
    ④

F Bb F Bb Eb F

VI

①   ① ①
② ③ ④

Bb F Bb Eb F Db

VIII

① ①
   ③
    ④ ④

F Bb F Bb Eb

59

B **Bm** **B6**

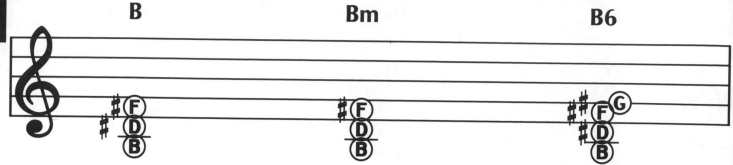

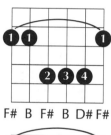

F# B F# B D# F#

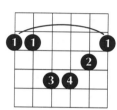

F# B F# B D F#

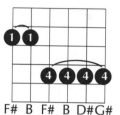

F# B F# B D#G#

VII

B F# B D# F# B

VII

B F# B D F# B

VII

B F# B D#G# B

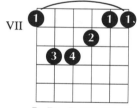

x

IX

F# B F# B D#

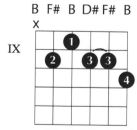

x

IX

F# B F# B D

x

IX

F# B F# G#D#

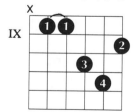

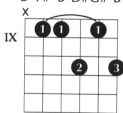

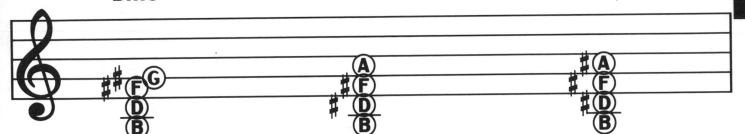

Bm6   B7   Bmaj7   B

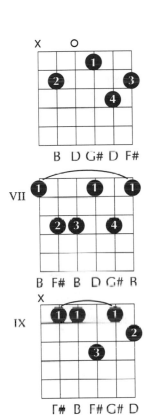

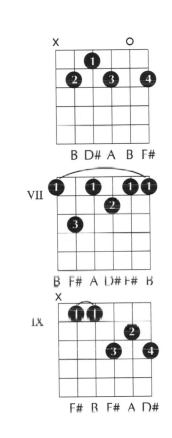

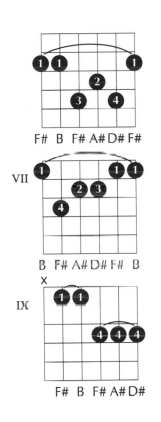

Bm6:
- B D G# D F#
- VII: B F# B D G# B
- IX: F# B F# G# D

B7:
- B D# A B F#
- VII: B F# A D#F# B
- IX: F# B F# A D#

Bmaj7:
- F# B F# A#D# F#
- VII: B F# A#D# F# B
- IX: F# B F# A#D#

Bm7

Bdim7

B7♯5

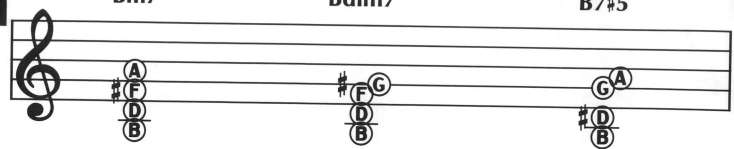

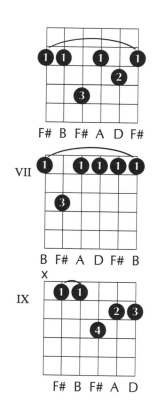

F# B F# A D F#

VII
B F# A D F# B

IX
x
F# B F# A D

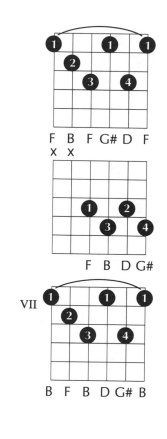

F B F G# D F
x x

F B D G#

VII
B F B D G# B

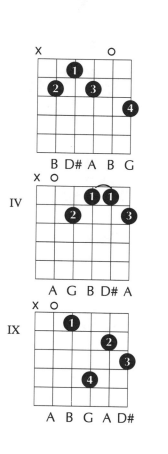

x   o
B D# A B G

IV
x o
A G B D# A

IX
x o
A B G A D#

B9

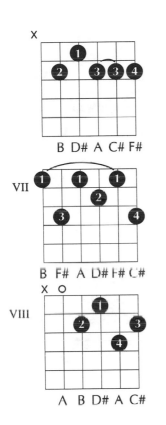

B D# A C# F#

B F# A D# F# C#

A B D# A C#

Bmaj9

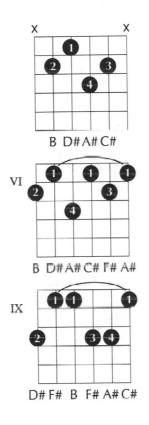

B D# A# C#

B D# A# C# F# A#

D# F# B F# A# C#

Bm9

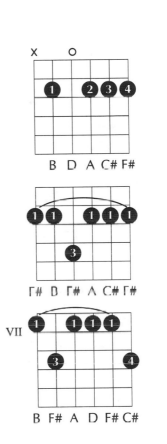

B D A C# F#

F# B F# A C# F#

B F# A D F# C#

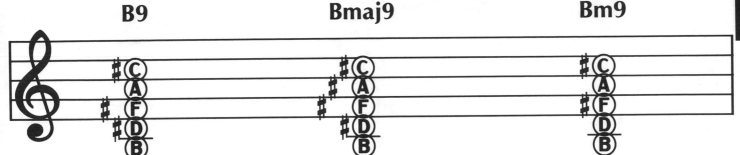

B

B9#5

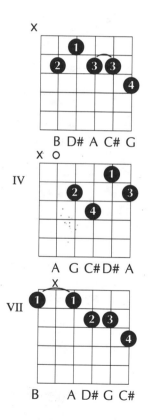

X

B D# A C# G

IV

A G C# D# A

VII

B A D# G C#

B7♭9

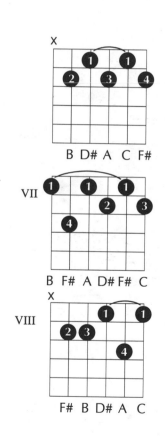

X

B D# A C F#

VII

B F# A D# F# C

VIII

F# B D# A C

Bsus

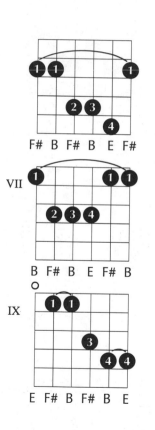

F# B F# B E F#

VII

B F# B E F# B

IX

E F# B F# B E